Frank Bonkowski

# Team Building

## 44 Aktionen, die verbinden

W0047231

**aussaat**

© 2009 Aussaat Verlag
Neukirchener Verlagsgesellschaft mbH, Neukirchen-Vluyn
**www.nvg-medien.de**
Umschlaggestaltung: Andreas Sonnhüter, Düsseldorf, unter Verwendung eines Fotos von © istockphoto.com
Satz: Bittner Dokumedia, Hoisdorf
Druck: Fuck Druck, Koblenz
Printed in Germany
ISBN 978-3-7615-5674-0

# Inhaltsverzeichnis

# Die Idee

Frage:    „Wie wird aus Individualisten ein Team?"

Antwort: „Meistens tut es erst einmal weh!"

Erfahrungsgemäß bildet sich ein TEAM meistens aufgrund einer Krise oder Herausforderung. Wenn wir zusammen an einem Ziel arbeiten, wenn wir uns gegenseitig brauchen: Gerade dann kann eine Gruppe zerbrechen oder die Freundschaft, das Teamgefühl, die Liebe und Achtung zueinander wachsen.

Herausforderungen können auf uns einstürzen oder gesteuert werden; sie können eher harmlos sein oder dramatisch.

Vor ein paar Jahren hat sich ein Mädchen in unserer Jugendgruppe schwer verletzt. Das war beängstigend. Doch gleichzeitig war genau diese Zeit unheimlich wertvoll für unsere Gruppe, die jeden Tag gewartet, geheult, gelacht, einander geholfen und gelernt hat, sich umeinander zu kümmern.

Keiner will eine derartige Krise, aber wenn wir die Herausforderung annehmen, können wir zusammen wachsen.

Wenn ich mit meinem Freund Thomas Klappstein kleinere Korsika-Freizeiten durchführe, laden wir am ersten Morgen

erst einmal die ganze Gruppe zum Frühstücken ein. Irgend-
wann kommt dann die herausfordernde Frage *„Und wer lädt
uns morgen alle zum Essen ein?"*

Vor ein paar Jahren kam uns die Idee, mit unserer Jugendgruppe ein Camp durchzuführen, das für Kinder von sozial
benachteiligten Familien gedacht war.

Der Schlüssel zum Erfolg war ein Satz der Campleitung:
Es wäre unmöglich im März ein Camp mit 100 Kindern an
einem Ort durchzuführen, der eigentlich nur für Sommer-
camps eingerichtet war. „Unmöglich" war die Herausforderung, die meine Teenager brauchten, um unsere Campwo-
che zur „besten Woche der Welt" zu machen.

*Was haben diese Geschichten nun mit einem Spielbuch zu
tun?*

Ich bin überzeugt, dass man durch spielerische Herausforderung wachsen kann. Durch interessante, förderliche Spiele
(spielerische Zwangssituationen, simulierte Krisen) kann man
zusammenwachsen. Genau das ist die Idee dieser „Team-
builder"- Aktionen. Es geht dabei weniger ums Gewinnen
als um Teamarbeit.

# Ein paar Ideen zu diesen Spielen (Das Lernziel)

Spielen ist nicht die Belohnung für gutes Lernen oder Zuhören. Spielen ist lernen.

In der Regel wirst du immer mehr über andere und über wichtige Themen beim Spielen lernen als durch lange Reden und Diskussionen.

Spiele sollen Spaß machen. Das ist ein wichtiges Ziel.

Die Spiele in diesem Buch haben ein übergeordnetes Lernziel und das ist Teamwork.

Die Aktionen sind darauf angelegt, dass Teams lernen, zusammen eine „Krise" zu bewältigen oder einander besser kennen zu lernen.

Sie sollen merken, dass sie sich gegenseitig brauchen, dass jeder bestimmte Stärken und Schwächen hat, dass jeder seine Welt unterschiedlich sieht. Sie sollen lernen, diese Stärken und Schwächen und Ansichten zu erkennen, zu schätzen, zu fördern und sich gegenseitig zu unterstützen.

# Aktionsleiter sind mehr als Schiedsrichter und „Spiele-Erklärer"

Du könntest zum Beispiel:

- Selber mitmachen und Spaß haben
- Der Gruppe deine Stärken, Schwächen und Ängste zeigen

Deine Gruppe könnte dich dann sogar als Mensch und nicht nur als „Leitungsposition" sehen.

## Beobachten

Es ist manchmal ganz spannend, sich als Leiter einfach die Zeit zu nehmen, um zu beobachten, wie Teammitglieder während der Aktionen miteinander umgehen: Wird aufeinander gehört? Wer übernimmt die Leitung? usw.

Die besten Lernmöglichkeiten entstehen übrigens oft durch Pannen oder Außergewöhnliches, das während der Aktion passieren kann. Also: Immer beobachten und häufig miteinander reden.

## Diskussionen leiten

Es ist sehr interessant, nach den Aktionen mit seinem Team Gespräche über das Gelernte zu führen. Ich würde trotzdem nicht allzu oft diskutieren (siehe Spaßfaktor), sonst kann das Ganze sehr verkrampft und einfach nur doof werden. („Wie hast du dich denn ganz genau gefühlt, als dir ein Wasserballon ins Gesicht geflogen ist?") Am besten sind die Gespräche, die von der Gruppe selber initiiert werden.

Viel Spaß beim Spielen und „Teambuilden"!

# Gruppenspiele

# 1. Kühe

**Material:**     **Kreppband oder Markierungs-hütchen**

Eine Gruppe von Jungen (z.B. 5) „steht" laut muhend auf allen Vieren in einem ungefähr 5 x 5 Meter großen Quadrat.
    Eine Gruppe von Mädchen (z.B. 8) spielt Bäuerin. Ihr Ziel ist es, die Kühe so schnell wie möglich aus dem Quadrat zu ziehen, schubsen, tragen, …

Die Kühe müssen versuchen miteinander zu kooperieren, um so lange wie möglich auf ihrer Wiese zu bleiben.

Die Aktion kann beliebig oft mit neu gebildeten Teams wiederholt werden.

**Lernziel**: Kooperation, Kommunikation

# 2. Verteidige das Ei

**Material:** **Pro Team: ein rohes Ei, Verpackungsmaterial (z.B. Strohhalme, Tesafilm, Panzerklebeband)**

## Gruppengröße: Jedes Team sollte 4 bis 5 Mitspieler haben

Aufgabe der Teams ist es, ihr Ei vor dem Zerbrechen zu schützen. Als Höhepunkt der Aktion werden die Eier in ihrer selbstgebauten Schutzhülle von einem etwa drei Meter hohen Punkt auf die Erde fallen gelassen.

Die Teams haben ca. 20 bis 25 Minuten Zeit, ihrem Ei einen „Verteidigungsanzug" zu basteln, damit es diesen Sturz möglichst heil überstehen wird.

## Wer gerne Wettbewerbe mag:

Gewinner sind natürlich die Gruppen mit den Eiern, die den Sturz heil überstanden haben. Darüber hinaus kann man bei den „Verteidigungsanzügen" Punkte vergeben für:

- Kreativität bzw. Originalität
- Schönheit bzw. Stil
- Stabilität

**Lernziel:** Kreativität, Teamwork

Es bietet sich eine Diskussion über unsere Verletzlichkeit an, bzw. darüber, wie ein Team den Einzelnen verteidigen und beschützen kann.

# 3. Das perfekte Versteck

**Material:**     Zwei Handys

Diese Aktion funktioniert am besten in einem komplett verdunkelten, möglichst großen Gebäude.

Ein Team (z.B. fünf Leute) bekommt 3 Minuten Vorsprung, um sich das ideale Versteck zu suchen.

Nach drei Minuten werden nach und nach Suchteams (z.B. 2 oder 3 Leute) losgeschickt, um die „Ausbrecher" zu finden. Gelingt es ihnen, das Versteck zu finden, sollten sie sich ruhig dazugesellen. Es wird so lange gespielt, bis alle Suchteams die Ausreißer entdeckt haben oder eine gewisse Zeit abgelaufen ist.

Das Verstecken kann erschwert werden, wenn das „Ausbrecher-Team" ein Handy dabei hat, das alle 5 Minuten angerufen werden kann (zweimal klingeln lassen). Nach jeder Klingelaktion hat das Team die Möglichkeit, sich – wenn gewünscht – ein neues Versteck zu suchen.

**Lernziel**: Rücksichtnahme, Kooperation, Kommunikation ohne Worte, Spaß

# 4. Heliumstange

**Material:**     **Zeltstange, ein Tisch**


Zwei Teams (z.B. 5 Spieler pro Seite) stehen sich gegenüber. Zwischen ihnen befindet sich ein länglicher Tisch. Jeder Spieler hält einen Zeigefinger in die Mitte. Auf den Zeigefingern liegt die Zeltstange.

Ziel des Spieles ist es, die Stange auf den Tisch zu legen, ohne dass ein Mitspieler Kontakt zu diesem Gegenstand verliert.

Hört sich einfach an. Geht aber fast immer schief. Du findest schnell heraus, warum dieses Spiel „Heliumstange" heißt.

**Lernziel**: Kooperation, Rücksichtnahme, Kommunikation

# 5. Alphabethosentaschen

**Material:**     Keins

Die Gruppe wird in mehrere Teams aufgeteilt (z.B. 4 oder 5). Ziel des Spieles ist es, im Rucksack oder in der Hosentasche nach Utensilien zu suchen, die zusammen möglichst das Alphabet ergeben, z.B. A-pfel, B-ürste, C-oladose, … T-aschentuch,…

Gewinner ist, wer in einer bestimmten Zeit so viele Buchstaben des Alphabets zusammenbekommt wie möglich.

Dieses Spiel funktioniert auch gut als „Icebreaker" während eines größeren Events.

**Lernziel**: Kooperation, Kreativität, Kommunikation

# 6. Seifengriff

**Material:**     **Münze, Eimer mit Wasser,
ein Stück Seife**

Zwei Teams sitzen jeweils parallel nebeneinander in einer Reihe. Die Teams sind einen halben Meter voneinander entfernt. Die Spieler im jeweiligen Team halten sich an den Händen fest.

An einem Ende zwischen den beiden letzten Mitspielern steht der Wassereimer mit der Seife drin.

Der Spielleiter steht am anderen Ende und wirft eine Münze, was nur für die beiden ersten Mitspieler sichtbar ist. Fällt die Münze auf „Kopf", drücken die Spieler die Hand des Nachbarn. Fällt die Münze auf „Zahl", tun sie gar nichts.

**Szenario 1**: Die Münze fällt auf „Kopf". Der erste Spieler drückt die Hand seines Nachbarn, usw. Auf Handdruck greift der letzte Spieler so schnell wie möglich nach der Seife. Hat er die Seife als Erster gegriffen, geht er an den Anfang der Schlange und das gesamte Team rückt nach.

**Szenario 2**: Die Münze fällt auf „Zahl". Es wird trotzdem gedrückt und der letzte Mitspieler nimmt die Seife. Zur Strafe muss das gesamte Team diesmal nach rechts rutschen. Gewinner ist das Team, das komplett nach links durchge-rutscht ist.

**Lernziel:** Kooperation, Geduld

# 7. Balance auf dem Putzeimer

**Material:**    **Pro Team ein großer, möglichst stabiler Eimer**

Eine ganz einfache Aktion: Jedes Team bekommt einen Eimer. (Alle Eimer sollten möglichst gleich groß sein.) Der Eimer wird umgedreht. Ziel des Spieles ist es, so viele Spieler wie möglich auf dem Eimer zu „versammeln".

Ich würde den Teams 5 bis 10 Minuten Zeit lassen, damit sie eine Strategie entwickeln und sich darin üben können.

Wenn die Vorbereitungszeit abgelaufen ist, hat jede Gruppe zwei Versuche, möglichst viele Spieler auf den Eimer zu bekommen. Das Team muss mindestens fünf Sekunden komplett auf dem Eimer stehen. Wenn einer den Boden berührt, ist der Versuch ungültig.

**Tipp:** Es hilft natürlich, wenn der Boden einigermaßen weich ist. Die Aktion kann auch draußen auf dem Rasen durchgeführt werden.

**Lernziel:** Kooperation, Kommunikation, Problemlösung

# 8. Blinder Spaziergang

**Material:**          Eine Augenbinde pro Teilnehmer

Eine gute Aktion zum Kennenlernen und Vertrauen aufbauen.

Kleine Gruppen (z.B. 5 oder 6 Leute) machen blind einen Spaziergang. Jede Gruppe hat einen sehenden Leiter, der die Gruppe sicher zum Ziel führen soll.

Der Leiter oder die Leiterin darf das Team nicht berühren, sondern nur durch Sprache kommunizieren.

**Lernziel**: Vertrauen, Kooperation, Kommunikation, Kennenlernen

# 9. Verschärfte Balance

**Material:**         **Ein Fahrradschlauch pro Gruppe, ein auf dem Boden liegender Baumstamm oder langer Pfahl**

Jede Gruppe (mindestens 5, maximal 10 Teilnehmer) zwängt sich in einen Fahrradschlauch.

Dann muss man gemeinsam über den Baumstamm balancieren.

**Tipp 1:** Natürlich sollte man aus Sicherheitsgründen einen Baumstamm wählen, der auf dem Boden liegt und nicht über einer 100 Meter tiefen Schlucht.

**Tipp 2:** Spaßeshalber könnte man auch prüfen, ob diese Aktion einzeln schneller gehen würde denn als Staffel. Der erste Spieler legt den Schlauch um, balanciert über den Stamm, gibt den Schlauch an den nächsten weiter, usw.

Ab welcher Gruppenstärke wird ein Team schneller als eine Staffel aus individuellen Balancier-Artisten?

**Lernziel:** Kooperation, Kommunikation

# 10. Fliegen lernen

**Material:**         **Z.B. Papier, Gummiband, Taschen-
tücher, Servietten,…**

Die Teams bekommen die Aufgabe, ein Objekt zu bauen, das mindestens 15 Sekunden in der Luft bleiben kann. Jedes Team bekommt zwei Versuche, sein Flugobjekt zum „Fliegen" zu bringen.

**Lernziel:** Kooperation, Kreativität

# 11. Stuhlparade

**Material:**       **Stabile Stühle**

Jedes Team (z.B. 10 Spieler) bekommt jeweils einen Stuhl. Die Stühle stehen in einer Reihe nebeneinander. Die Spieler stehen auf ihrem Stuhl. Auf dein Kommando…

…müssen die Spieler nach vorne zusammenrücken, damit der letzte Stuhl frei wird.

Der freie Stuhl wird dann nach vorne gereicht und vor die Stuhlreihe gestellt.

Noch während der Stuhl gereicht wird, rückt das ganze Team nach vorne.

Gewinner ist das Team, das zuerst das Ziel (z.B. die 20 Meter entfernte Wand) erreicht hat.

**Lernziel:** Kooperation

# 12. Viereckiges Tauziehen

**Material:**     **2 mindestens 8 Meter lange, dicke Seile, 4 Markierungen**

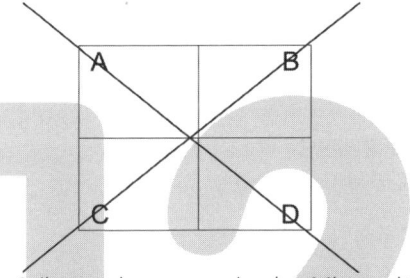

Die beiden Seile werden genau in der Mitte miteinander verknotet. Vier gleichstarke Teams stehen außerhalb der Markierungen. Auf dein Kommando wird gezogen. Ziel des Spieles ist es, mindestens einen Gegner in das eigene Quadrat zu ziehen. Sobald ein Teammitglied das Quadrat eines Gegners betritt, wird das Spiel unterbrochen und das „betretene Team" bekommt einen Pluspunkt, das „Betreter-Team" erhält einen Minuspunkt.

Bei dieser Aktion geht es nicht nur um Kraft, sondern auch um Strategie. Mit welchen Teams arbeitet man zusammen, um welchen Teams Minuspunkte zukommen zu lassen?

**Lernziel:** Kooperation, Strategie

# 13. Fünf, Sechs, Drei

**Material:**     Keins

Alle Mitspieler bewegen sich willkürlich im Raum. Wenn der Leiter eine Zahl ruft (z.B. „VIER!"), muss sich so schnell wie möglich ein Team bilden, das aus genau so vielen Mitgliedern besteht. Das Team muss sich dann an den Händen fassen und so schnell wie möglich hinsetzen. Die Mitspieler, die kein Team gefunden haben, scheiden aus, ebenso das Team, das entweder zu groß oder zu klein ist. Sie werden zum Schiedsrichter für die nächsten Runden.

**Tipp 1:** Diese Aktion eignet sich auch zum Gruppen bilden für deine nächsten Aktionen. Hast du z.B. 20 Mitspieler in der Gruppe und brauchst für die nächsten Aktionen vier Teams, rufst du „Fünf!" und schon hast du deine Teams, ohne eine peinliche „Team-wählen-Prozedur".

**Tipp 2:**     Es bietet sich eventuell eine Diskussion an, wie es war, der Ausgeschlossene oder die „nicht gewählte Person" zu sein.

**Lernziel:** Kooperation, Reagieren in einer Paniksituation

# 14. Blind joggen gehen

**Material:**      **Material zum Augen verbinden für jede zweite Person**

Die Idee für diese Aktion stammt von den Special Olympics.

Bildet Zweierteams. Einem Teammitglied werden die Augen verbunden, das andere kann sehen. Es ist dazu da, den „Blinden" zu unterstützen.

Aufgabe der Zweierteams ist es, ein System zu finden, bei dem der „Blinde" sicher laufen lernt.

Hier ein Beispiel, wie man die Leistung langsam steigern kann:

Langsam gehen (ca. zwei Minuten)
Normales Tempo gehen (ca. eine Minute)
Schnell gehen (ca. 30 Sekunden)
Joggen (ca. 30 Sekunden)
Laufen (ca. 15 Sekunden)
Sprinten  (ca. 15 Sekunden)

**Lernziel:** Vertrauen aufbauen, Kooperation, Leiten

# 15. Spieglein, Spieglein

**Material:**      **Keins**

Verschiedene Paare stehen sich mit ungefähr einem halben Meter Abstand gegenüber.

Ein Partner hat die Aufgabe, die Bewegungen des anderen so gut wie möglich zu imitieren – also quasi das Spiegelbild des Partners zu werden.

**Lernziel:** Sich selbst und den anderen wahrnehmen

# 16. Ballons und Körperteile

**Material:**        Ein Luftballon

Ein sehr einfaches Kennenlernspiel. Die Gruppe bildet einen Kreis. Du beginnst die Aktion, indem du in der Mitte einen Ballon in die Luft wirfst und dabei den Namen eines Gruppenmitglieds rufst und ein Körperteil, z.B. Kopf.

Die genannte Person muss nun in die Mitte laufen und den Ballon mit besagtem Körperteil in der Luft halten und dabei einen anderen Namen und ein Körperteil rufen.

**Lernziel:** Kennenlernen, Aufmerksamkeit schulen, Icebreaker

# 17. Dschungel

**Material:**     **Material zum Augen verbinden (für jede Person), Zettel mit Tiernamen**

Jeder Mitspieler bekommt einen Zettel mit einem Tiernamen (z.B. Elefant), dann werden ihm die Augen verbunden.

Ziel dieser Aktion ist es, alle Tiere seiner Gattung zu finden, die dann zusammen ein Team bilden.

Man findet sich, indem man die entsprechenden Tiergeräusche nachahmt. Ansonsten darf nicht gesprochen werden.

**Lernziel:** Kennenlernen, Aufmerksamkeit, Scheu überwinden, Icebreaker

# Teambuilder
# mit extra hohem
# Spaßfaktor

„Mit welcher Zielgruppe kann man diese Aktionen denn durchführen?" ist eine Frage, die mir nach dem letzten Buch „Gruppen Formen" immer wieder gestellt worden ist. Im Prinzip funktionieren alle Spiele mit fast jeder Altersgruppe, also auch mit Erwachsenen – wenn sie sich darauf einlassen.

Die nächsten Spiele (bis Nr. 30) bilden vielleicht eine Ausnahme; sie haben einen extra hohen Spaß-, Matsch- und Bewegungsfaktor und sind deshalb vor allem für Kinder- und Jugendgruppen geeignet.

Wer also eine mit Schlips und Anzug bekleidete und leicht angegraute Gruppe vor sich hat … Vorsicht! Eventuell führen diese Aktionen nicht zum gewünschten Resultat.

# 18. Ballonmonster

**Material:**          **Viele, viele Luftballons, Klebeband**

Jedes Team (z.B. 5 Leute) bestimmt einen „Freiwilligen" – das Ballonmonster. Das Monster wird so schnell wie möglich mit Panzerklebeband oder Klebeband eingewickelt. Die Klebeseite kommt nach außen.

Jetzt bekommt jedes Team ungefähr 20 bis 30 Luftballons, die aufgeblasen und so dicht wie möglich auf das Monster gedrückt werden müssen.

**Option 1:** Das Spiel ist hier beendet und das Team mit den meisten Ballons am Monster gewinnt.

**Option 2:** Die Monster müssen über einen kleinen Hindernisparcours laufen und nur die Ballons zählen, die am Ende kleben geblieben sind.

**Option 3:** Alle Monster gehen in einen Ring und haben 2 Minuten Zeit, sich gegenseitig die Ballons abzureißen. Gewinner ist auch hier, wer am Ende die meisten Ballons kleben hat.

**Lernziel:** Kooperation, Kreativität, Spaß

# 19. Poolnudel-Ballon-Volleyball

**Material:**     Eine Poolnudel pro Teilnehmer,
Luftballons, ein Volleyballfeld

**Vorbereitung:** Du bläst ein paar Luftballons auf, in die du vorher jeweils einen Tropfen Wasser getan hast.

Jeder Teilnehmer bekommt eine Poolnudel. Besonders gut eignen sich dabei halbierte „Nudeln".

**Tipp:** Poolnudeln bekommt man in Sportgeschäften, wo Schwimmartikel verkauft werden. Zum Ende der Badesaison werden die Dinger häufig wesentlich günstiger verkauft. Es gibt Hunderte von Spielideen für diese Schaumstoffschläger.

Gespielt wird mit beliebig großen Teams nach normalen Volleyballregeln.

**Ausnahmen:**

Der Ballon muss nicht nach drei Schlägen auf die andere Seite gespielt werden. Man hat so viele Schläge, wie man braucht.

Der Ballon darf nur mit der Poolnudel berührt werden.

Anschläge können von jedem beliebigen Ort im eigenen Feld gemacht werden.

**Noch eine Idee:** Vor dem ersten Spiel kann man die Teams üben lassen, die Ballons so lange wie möglich in der Luft zu halten. Das ist nämlich gar nicht so leicht.

**Lernziel:** Kooperation, athletisches Können, Spaß

# 20. Spalierlaufen

**Material:**           **Eine Poolnudel pro Teilnehmer**

Noch ein Spiel mit den lustigen Poolnudeln.

Jeder Spieler – außer einem „Freiwilligen" – bekommt eine Poolnudel in die Hand. Die Mitspieler bilden nun zwei Reihen, die sich gegenüberstehen und damit ein Spalier bilden. Jeder Spieler hält seine Poolnudel vor sich in die Mitte des Spaliers. Der „Freiwillige" läuft auf dein Kommando durch das Spalier.

Jeder Spieler hat nun die folgende Aufgabe:

Bevor der „Freiwillige" auf eine Poolnudel zuläuft, hebt der jeweilige Spieler sie hoch. („Er öffnet sozusagen die Tür.") Wenn der „Freiwillige" vorbeigelaufen ist, schlägt der jeweilige Spieler seine Nudel hinter ihm herunter („Er macht die Tür wieder zu.")

Das Spiel wird so lange wiederholt, bis jeder durch das Spalier gelaufen ist.

**Beobachtungen und Ansagen:**

Mache deine Spieler vor der Aktion darauf aufmerksam, dass jeder durch das Spalier laufen wird.

Beobachte genau das Vertrauen in deiner Gruppe. Sind die „Schläger" vertrauenswürdig? Welche Reaktion haben die einzelnen Läufer? Usw.

Manchmal bietet sich nach dieser Aktion eine Diskussion über Vertrauen an.

**Tipp:** Sollten keine Poolnudeln vorhanden sein, kann man diese Aktion auch mit den Armen der Mitglieder durchführen.

**Lernziel:** Vertrauen, Selbstkontrolle

# 21. Kunst

**Auch für Erwachsene geeignet!**

**Material:**    Poolnudeln, evtl. Zahnstocher

Und weil ich die Dinger so mag, noch ein Spiel mit den Poolnudeln. Diese Aktion ist etwas ruhiger und funktioniert auch mit seriöseren Semestern oder ganz kleinen Kindern.

Ganz einfach: Jede Gruppe (z.B. 5) hat einen Haufen Poolnudeln, mit dem sie in einer gewissen Zeit (z.B. eine Minute) von dir vorgegebene Gegenstände kreieren dürfen. Aus der Vogelperspektive sollen nun Kunstwerke entstehen.
Zum Beispiel ... ein Haus, ein Segelboot, ein Auto, ein Tannenbaum, die Olympischen Ringe, ein Fußballfeld, eine Rakete, ein Fahrrad ...

**Tipp:** Mit Zahnstochern können aus den langen Nudeln auch Kreise gemacht werden.

**Lernziel:** Kreativität, Kooperation

# Spiele
# auf einer rutschigen Plane

Material: Eine Plastikplane (Größe, z.B. 10x10 Meter), Schmierseife, viel Wasser

# 22. Eishockey ohne Schlittschuhe

**Material:**     **Hockeyschläger, Tennisbälle, Tore, eine Plane, die mit Wasser und Seife eingeschmiert wurde**

Wie beim normalen Eishockey ist das Ziel, mehr Tore zu schießen als der Gegner. Gespielt wird barfuß (anstatt mit Schlittschuhen).

Die Teamgröße ist beliebig, je nach Größe der Plane.

**Lernziel:** Spaß, Kooperation,

# 23. Schmierseifencampball

**Material:**     5 Bälle, 2 Tonnen

Auf der Mittellinie liegen fünf Bälle. Auf zwei einander gegenüber liegenden Seiten stehen jeweils eine Tonnen und
ein Team. Auf dein Kommando versuchen beide Teams so
schnell wie möglich die Bälle zu erreichen und zurück in ihre
Tonnen zu transportieren. Gewinner ist das Team, das am
Ende mehr Bälle in der eigenen Tonne hat.

**Spieltipp:** Ohne Strategie wird diese Aktion von den schnells-
ten oder stärksten Athleten beherrscht. Aber mit Strategie…

Du könntest den Teams nach ein paar Runden Zeit geben, sich eine bessere Strategie zu erarbeiten, und dann beobachten und besprechen, wie sich diese Strategie auf die
nächsten Spielrunden ausgewirkt hat.

Du könntest den Teams unterschiedliche gute und schlech-
te Strategien aufzwingen (z.B. die Schnellen laufen nur, die
Starken verteidigen nur) und dann diskutieren, wie man damit zurechtgekommen ist.

**Lernziel:** Kooperation, Strategie, Spaß

# 24.  100 Bälle

**Material:**     **Ungefähr 100 kleine Bälle (Die Bälle, die jeder Indoor-Kinderspielplatz zum Hineinspringen zur Verfügung stellt, eignen sich hervorragend. Alternative: Tennisbälle), eine Plastiktonne, vier Marker**

**Teamgröße:**     **Ungefähr 10 Mitspieler pro Team**

**Aktion:**

Die Tonne wird genau in die Mitte der Plane gestellt.

Die 100 Minibälle werden auf der Spielfläche verteilt.

Das Team verteilt sich ebenfalls auf der Fläche.

Ziel dieser Aktion ist es, die Bälle so schnell wie möglich zurück in die Tonne zu befördern.

**Regeln:**

Keiner läuft mit einem Ball in der Hand. Die Bälle müssen also gepasst werden.

Nur ein vorher bestimmter Spieler, der sogenannte „Scorer", darf die Bälle in die Tonne befördern.

Wenn ein Team fertig ist, wird die Zeit gestoppt und das nächste Team ist dran.

Nach einer Runde haben alle Teams etwas Zeit, um eine bessere Strategie zu entwickeln. Danach wird die ganze Aktion wiederholt.

**Lernziel:** Strategie, Kooperation, Kreativität, Spaß

# 25. Gladiatoren

**Material:**          **Bälle, Tonne, alte Kissen**

Ein Gladiator steht mit einem Kissen bewaffnet auf der rutschigen Plane, um eine Tonne am Ende der Plane zu verteidigen. Zwei „Freiwillige" holen jeweils einen Ball von der anderen Seite der Plane und versuchen, so viele Bälle wie möglich an dem Gladiator vorbei in die Tonne zu stopfen, werfen, usw.

Der Gladiator versucht, dies zu verhindern:

Wenn ein Ball auf den Boden fällt, ist er ungültig und der „Freiwillige" muss sich einen neuen Ball holen.

Wenn ein „Freiwilliger" von der Plane geschubst wird, selber von der Plane läuft oder umgerannt wird, muss der Ball fallengelassen werden.

Wenn es dem Gladiator gelingt, einen „Freiwilligen" mit seinem Kissen von den Beinen zu holen, muss der Ball fallengelassen werden.

Gespielt wird 60 bis 120 Sekunden pro Runde. Die Aktion ist sehr anstrengend!

Es ist eine gute Idee, einen Ersatzgladiator zu haben.

**Hinweis für Leiter:** Es bietet sich an, die einzelnen Teams zu beobachten, ob die beiden Mitstreiter tatsächlich zusammenarbeiten oder nur versuchen, so viele Punkte wie möglich zu erreichen.

Eine gute Möglichkeit wäre es, eine kurze Diskussion mit den Gruppen zu führen, wie zusammengearbeitet worden ist. Gibt es Strategien, die nutzbringend eingesetzt werden können, z.B. zu zweit auf den Gladiator loszurennen?

Eventuell kann man den Teams etwas Zeit geben, bessere Strategien zu entwickeln. Danach kann die Aktion noch einmal wiederholt werden.

**Lernziel:** Kooperation, Kreativität, Problembewältigung

# Spiele
## mit Autoreifen-Schläuchen

Vielleicht hast du bei großen Sportveranstaltungen schon Sumoanzüge gesehen. Diese Anzüge, mit denen viele Aktionen möglich sind, kann man einigermaßen kostengünstig selber bauen. Man besorgt sich alte Schläuche von Auto- oder LKW-Reifen und „klebt" jeweils drei davon mit starkem Klebeband zusammen.

# 26. Schups den Sumo aus dem Ring

**Material:** Markierungen, 3 aufgeblasene, zusammengeklebte Autoreifen-Schläuche

In der Mitte eines markierten Feldes (ungefähr 4 x 4 Meter) steht der Sumokämpfer (ein Spielleiter, geschützt von den drei Autoreifen-Schläuchen).

Ziel des Spieles ist es, dass für eine Gruppe von Kindern (z.B. 5) oder Jugendlichen (z.B. 3) den Sumokämpfer umschubst oder aus dem Feld zu bewegt.

Wenn deine Gruppe auf Wettbewerb steht, kannst du auf Schnelligkeit spielen und die Zeit mit der Stoppuhr messen.

**Lernziel:** Kooperation

# 27. Sumo

**Material:**          **Markierungen, mindestens drei Sätze von jeweils 3 aufgeblasenen, zusammengeklebten Autoreifen-Schläuchen**

In der Mitte eines markierten Feldes (ungefähr 5 x 5 Meter) stehen drei Sumokämpfer.

Ziel des Spieles ist es, die anderen Kontrahenten entweder umzustoßen oder aus dem Feld zu schubsen bzw. hinaus laufen zu lassen.

Der letzte stehende Sumokämpfer gewinnt.

**Beobachtung und Diskussion:** Obwohl diese Aktion in erster Linie ein Spaßspiel ist, kann man oft beobachten, dass zwei Spieler fast immer ein Team bilden und auf den dritten losgehen. Diese „Freundschaft" hört dann natürlich auf, wenn der erste Gegner besiegt ist, oder bereits dann, wenn sich die Chance bietet, den „Partner" ganz einfach fertig zu machen.

Das bietet natürlich einiges an Diskussionsstoff über Parallelen aus dem „wirklichen Leben".

**Lernziel:** Kooperation, Teamarbeit, soziale Kompetenz

# 28. Clean Up

**Material:**     **So viele aufgepumpte Autoreifen-Schläuche, wie du auftreiben
kannst**

In der Mitte eines markierten Feldes (ungefähr 10 x10 Meter)
liegen die Schläuche aufeinandergestapelt. An den Spiel-
feldseiten befinden sich die Teams. Auf dein Kommando
hin sollen die Spieler in die Mitte laufen und so viele Reifen
wie möglich auf ihre eigene Seite schaffen. Gewinner ist das
Team mit den meisten Schläuchen.

Man kann verschiedene Runden mit verschiedenen Regeln
spielen, z.B.:

- Die Schläuche können nur über die Linie getragen,
  aber nicht geworfen werden.
- Keiner darf mit den Schläuchen laufen, sondern sie
  nur passen.
- Es darf nicht gepasst, sondern nur gezogen werden.

**Beobachtung:** Interessanterweise gewinnen bei dieser Aktion selten die athletisch, stärkeren Teams. Zusammenarbeit

ist gefragt. Wenn das so ist, könnte man hinterher die Gründe diskutieren und prüfen, ob einige Teams eine Strategie hatten.

**Lernziel:** Kooperation, Spaß, Athletik

# 29. Ben-Hur-Wagenrennen

**Material:** **Bis zu 8 aufgepumpte Autoreifen-Schläuche, wenn vorhanden eine große, rutschige Plane, eventuell eine Poolnudel pro Team (als Peitsche)**

## Vorbereitung:

An die vier Ecken des Spielfelds legst du als Markierung jeweils einen Schlauch. Bis zu vier Teams stehen jeweils an einem Schlauch innerhalb dieses Feldes. Jeweils ein Teammitglied sitzt in einem weiteren Schlauch, der sozusagen seinen „Rennwagen" darstellt. Dieser Schlauch liegt außerhalb der Markierung.

## Das große Rennen:

Bis zu drei „Pferde" (Teammitglieder) dürfen auf dein Kommando den "Rennwagen" ziehen. Eine volle Runde geht außen um alle vier Markierungsschläuche herum. Insgesamt werden 5 Runden „geritten". Nach jeder Runde müssen die „Reiter" gewechselt werden. Die Pferdekombinationen dürfen beliebig oft gewechselt werden. Gewinner ist, wer seinen „Pferdewagen" zuerst fünfmal um alle vier Markierungsschläuche gezogen hat.

**Extra Spaßfaktor:** Jeder Reiter bekommt eine Poolnudel, die er als Peitsche für seine Pferde oder – bei Überholmanövern – gegebenenfalls für die Gegner gebrauchen kann.

**Es geht um Strategie:** Welche Läuferkombinationen arbeiten am besten zusammen? Ein starker und ein schneller? Zwei schnelle? Zwei starke? Zwei oder drei „Pferde"?

Manchmal bietet es sich an, mehrere Runden zu fahren. Häufig finden sich nach einer Weile immer bessere Pferde und Reiterkombinationen. Dies kann, wenn gewünscht, zu guten Diskussionen führen.

**Lernziel:** Kooperation, Spaß, Athletik, Teamfähigkeit, „Wer kann gut mit wem? Warum?"

# 30. Der Turm

**Material:**     **Möglichst viele Autoreifen-Schläuche, Markierung**

Eine gute Aktion, wenn man eine Gruppe mit viel Energie hat.

Ein Team baut aus seinen Schläuchen einen Turm um die Mitte eines abgesteckten Kreises, den es nun zu bewachen gilt.

Jedes Teammitglied legt sich so auf den Turm, dass es möglichst viele Schläuche festhalten kann.

Das gegnerische Team versucht nun auf dein Kommando hin den Turm zu erobern, indem es versucht, die Schläuche so schnell wie möglich aus dem Kreis zu ziehen.

Die einzige Verteidigungsmöglichkeit der Turmbauer ist es, sich auf die Schläuche zu legen und diese festzuhalten.

Die weggezogenen Schläuche dürfen nicht zurückgebracht werden.

Die Angreifer dürfen nur die Schläuche angreifen, nicht aber die Verteidiger wegschubsen, verhauen usw.

**Lernziel:** Kooperation, Strategie, Spaß

# Skalierungsaktionen

Bei diesen Aktionen geht es einerseits darum sich kennen zu lernen und andererseits um die Förderung von Selbstbewusstsein und Ausdrucksfähigkeit.

# 31. Was denkst du?

**Material:** 5 Zettel (wenn möglich laminiert)

**Die Aktion:** Auf dem Boden liegen in der angegebenen Reihenfolge diese Bewertungen:

- Sehr Gut
- Gut
- Mittel
- Schlecht
- Sehr schlecht

Bereite einige Aussagen vor. Beispiele:

- Das Essen heute Abend fand ich…
- Den folgenden Film, Musikstil, … finde ich…
- Diskussionen, Rollenspiele, … finde ich…
- Diesen Fußballverein finde ich…

**Aktion 1:** Jedes Gruppenmitglied darf sich seiner Meinung entsprechend einer Aussage zuordnen.

**Aktion 2:** Fordere die Gruppenmitglieder auf, einen Partner beliebig zuzuordnen.

**Fragen:** Hat dein Partner recht gehabt? Wo hättest du dich selbst zugeordnet? Warum hast du deinen Partner dort eingeordnet? usw.

**Lernziel:** Kennenlernen, Selbstbewusstsein fördern, die Fähigkeit, seine eigene Meinung auszudrücken

# 32. Was fühlst du?

**Material:** 7 Zettel (wenn möglich laminiert)

**Die Aktion:** Auf dem Boden liegen in der angegebenen Reihenfolge unterschiedliche Gefühle, z.B.:

- Wütend
- Fröhlich
- Peinlich berührt
- Gelangweilt
- Aufgeregt
- Traurig
- Gar nichts

Für kleinere Kinder empfiehlt es sich Bilder von Gesichtern auf den Zetteln zu haben.

Bereite einige Aussagen vor. Beispiele:

- Deine Freunde reden schlecht über jemanden, der selbst nicht im Raum ist.
- Deine Eltern streiten sich.
- Ein Morgen in der Kirche.

- Du wirst von einem richtig attraktiven Menschen zum Tanzen eingeladen.
- Heute sind Bundesjugendspiele.
- Deine kleine Schwester lädt dich ins Kino zu einem Prinzessinnenfilm ein.
- Beim Verwandtentreffen deiner Familie bietet dir ein Onkel zum ersten Mal ein Bier an.

**Aktion 1:** Welche Gefühle löst jede Aussage in dir aus? Fordere die Teilnehmer nach jedem Satz auf, zu dem jeweiligen „Gefühlszettel" zu gehen, der zu ihrer Situation passt. Haben noch andere Situationen in dir diese Gefühle ausgelöst?

**Aktion 2:** Fordere die Gruppenmitglieder auf, einen Partner beliebig zuzuordnen.

**Fragen:** Hat dein Partner recht gehabt? Wo hättest du dich selbst zugeordnet? Warum hast du deinen Partner dort eingeordnet? usw.

**Lernziel:** Kennenlernen, Selbstbewusstsein fördern, seine eigenen Gefühle ausdrücken lernen

# 33. Wer bist du? Wer sind wir?

**Material:**     Ein Zettel und ein Stift pro Team

**Gruppengröße:  4 bis 6 Spieler**

Dies ist eine sehr einfache, aber effektive Aktion, um sich als Gruppe kennen zu lernen und gleichzeitig seine Individualität zu feiern.

In Runde 1 erhält jedes Team die Aufgabe Gemeinsamkeiten aufzuschreiben: *„Was hat jeder in eurem Team gemeinsam?"* Sporne die Teams dazu an, nicht nur auf äußerliche Dinge zu achten. Dass die meisten jeweils zwei Augen, zwei Hände und zehn Zehen haben, setzen wir einmal voraus.

In Runde 2 geht es um unsere Individualität: *„Was unterscheidet euch voneinander?"*

Wenn ich diese Aktion durchführe, lasse ich die Ergebnisse häufig in der großen Gruppe vortragen und stelle dann weitere Fragen, z.B.: *„Tim unterscheidet sich von den meisten, weil er in einer Familie mit acht Geschwistern aufgewachsen ist. Tim, empfindest du das als Vor- oder Nachteil?"*

**Lernziel:** Die Aktion fördert den Gemeinschaftssinn. „Ich bin nicht alleine. Andere kennen vergleichbare Situationen, fühlen und denken ähnlich, haben gleiche Hobbys."

Gleichzeitig wird die Individualität gefeiert und gefördert. „Ich habe individuelle Erfahrungen gemacht, Dinge gelernt, die für die Gruppe förderlich sein können."

# 34. Forced Choices

**Material:**       **Keins. Wenn du möchtest: Eine Markierung, die den Raum in zwei Teile teilt**

## Die Aktion:

Unterteile den Raum in zwei Hälften.

Erkläre, dass du nun einige „Entweder-oder-Fragen" stellen wirst. Jeder muss sich daraufhin entscheiden, ob er auf der „Entweder-" oder der „Oder-Seite" stehen möchte. Hier ein paar Beispiele:

- Wenn du Superkräfte bekommen könntest, hättest du lieber einen Röntgenblick oder die Fähigkeit zu fliegen?
- Isst du lieber Hamburger oder Pizza?
- Bist du von deiner Persönlichkeit her eher ein Mäuschen oder ein Löwe?
- Wärst du lieber dumm und gut aussehend oder klug und hässlich?
- Wärst du lieber männlich oder weiblich?
- Würdest du lieber Fußball im Matsch spielen oder Ballett tanzen?

Ab und zu kannst du die Aktion unterbrechen und

- jemand fragen, warum er sich so entschieden hat,
- die Gruppen auffordern zu erklären, warum ihre Entscheidung besser war als die der anderen Gruppe,
- die Gruppen auffordern untereinander zu diskutieren, was sie gemeinsam haben.

**Lernziel:** Kennenlernen, Selbstbewusstsein, die Fähigkeit, seine eigene Meinung auszudrücken

# 35. Die rote oder grüne Karte

**Material:**     Jeweils eine rote und eine grüne
               Karte pro Teilnehmer

## Die Aktion:

Wieder geht es für die Teilnehmer um die Möglichkeit, ihre Meinung zu kommunizieren. Bei diesem Spiel geht es um geschriebene und ungeschriebene Regeln, die unser Leben bestimmen können. Diese Aktion bietet einen interessanten Stoff für Diskussionen über sinnvolle und unsinnige Regeln, z.B. solche, die wir alle vom Kopf her ablehnen, denen wir uns aber dennoch unterstellen, oder z.B. Meinungen, die sich in den letzten Jahren komplett geändert haben, usw.

Du liest jeweils ein Beispiel vor und die Teilnehmer dürfen durch ihre grüne Karte („Ja, ich stimme zu.") oder rote Karte („Damit stimme ich nicht überein.") abstimmen, was sie von deinen Aussagen halten.

**Hier ein paar Beispiele**

- Wer sein Abitur geschafft hat, ist mehr wert als einer, der es nicht gepackt hat.
- Kinder sollte man sehen und nicht hören.
- Besser jetzt Vorsicht als hinterher Nachsicht.
- Jeder Autofahrer sollte einen Sicherheitsgurt tragen.
- Frauen über 40 sind nur dann wertvoll, wenn sie jünger als 40 aussehen.
- Ein richtiger Mann muss jede Woche etwas geleistet haben.
- Ausländer, die hier wohnen möchten, sollten nach einer gewissen Zeit die deutsche Sprache beherrschen.
- Ein gewisser Teil unseres Geldes sollte an Arme und Bedürftige verteilt werden.
- Kinder unter 12 sollten im Auto nicht vorne sitzen dürfen.
- Ein Mann, der bei einem Date für Kino und Essen bezahlt hat, sollte dafür das Recht auf ein bisschen „Freundlichkeit" erwarten können.

**Lernziel:** Kennenlernen, Kommunikation, Selbstbewusstsein, die Fähigkeit, seine eigene Meinung auszudrücken

# Geschichten und Theaterspiele

# 36. Deine Geschichte

**Material:**     1 Zettel (wenn möglich laminiert),
               Würfel

**Die Aktion:**
Auf dem Boden liegt ein Zettel mit jeweils sechs durchnummerierten, unterschiedlichen Gefühlen.

Jeder Teilnehmer würfelt und darf dann eine kurze persönliche Geschichte erzählen, in welcher Situation er das jeweilige Gefühl erlebt hat.

Beispiele für die Gefühlsliste:

- Ärgerlich
- Vergnügt
- Erleichtert
- Scheu
- Schadenfroh
- Zufrieden

Oder…

- Verklemmt
- Wütend
- Fröhlich
- Selbstsicher
- Unsicher
- Nachdenklich

Die Geschichten sollten höchsten 60 Sekunden lang sein, damit möglichst viele Teilnehmer eine Chance zum Erzählen bekommen.

**Lernziel:** Kennenlernen, Selbstbewusstsein fördern, die Fähigkeit, seine eigene Meinung auszudrücken

# 37. Maus, Monster oder einfach selbstbewusst

**Material:**     **Beschriftetes Papier oder Index-karten**

**Set 1:** Maus (3 Karten), Monster (3 Karten), einfach selbstbewusst (3 Karten)

**Set 2:** Situationskarten (eine pro Teilnehmer), die zu deiner Gruppe passen, z.B.:

- Dein Pastor ruft dich immer am Sonntagmorgen um 7:00 Uhr an, um dich zu bitten, bei der Vorbereitung zum Gottesdienst mitzuhelfen.
- Keiner fragt dich jemals, ob du mithelfen kannst.
- Ein Kind hat dir gerade auf die Hose gekotzt.
- Du hast das Gefühl, dass die anderen dich nicht mögen.
- Du würdest jetzt gerne aufhören zu reden und lieber etwas essen.
- Du hast das Gefühl, dass dir nie einer zuhört.
- Jemand in der Gruppe hat dein Auto zerkratzt, es aber nicht zugegeben. Du möchtest gerne herausfinden, wer es war und ob er nicht für den Schaden aufkommen sollte.

- Du hast das Gefühl, dass die anderen deine Gutmütigkeit ausnutzen.
- Nach dem Treffen brauchst du noch zwei Freiwillige zum Abwaschen.

## Vorbereitung:

Ungefähr 8 Personen sitzen in der Mitte des Raumes. Jeder zieht eine Karte mit seiner Persönlichkeit (Maus, Monster oder einfach selbstbewusst). Dann zieht jeder eine Situationskarte. Erkläre, dass jeder in den nächsten Minuten aufgefordert ist seine Situation zu kommunizieren. Dabei sollte die gezogene Persönlichkeit beachtet und benutzt werden.

Maus: zaghaft, ängstlich

Monster: laut, von sich selbst überzeugt, geht über Leichen

Ganz einfach selbstbewusst

Die jeweilige Diskussion sollte ungefähr 5 bis 10 Minuten dauern.

**Fragen zur Anschlussdiskussion:** Was habt ihr beobachtet? Hat eure gezogene Karte eurer wahren Persönlichkeit entsprochen? Warum oder warum nicht?

**Lernziel:** Kennenlernen, Selbstbewusstsein, Kommunikation

# 38. Teddy

**Material:** **Ein Teddy pro Team, eine Schere, Nadel und Faden, Klebeband, etc.**

Diese Aktion soll simulieren, wie leicht es ist, jemanden herunterzumachen, und wie schwer danach der „Wiederaufbau" sein kann.

Vor der Teamaktion hältst du süße, kleine Teddys hoch und suchst nach „bösen" Freiwilligen, die jeweils eine Minute Zeit haben, um diese kleinen Plüschtiere kaputt zu machen.

Nun bekommen die Teams (2 bis 5) jeweils 5 Minuten Zeit, um mit Hilfe von Nadel, Faden, Klebeband, usw. die armen Teddys so gut wie möglich wiederherzustellen.

**Tipp:** Zu dieser Aktion bieten sich Diskussionen an:
- Warum kann uns ein kleines Wort, eine fiese Tat so verletzen?
- Warum ist das Aufbauen so viel schwerer als das Fertig- oder Kaputtmachen?
- Wer war besonders geschickt bei der Heilungsaktion für den Teddy?

- Wer ist besonders geeignet zur „Heilung" anderer Menschen?
- Was kann eine Gruppe hier besser leisten als einer alleine?

**Lernziel:** Kooperation, Kommunikation, Kennenlernen, soziale Verantwortung

# 39. Wüstenabsturz

**Material:**       **Eine Liste mit Gegenständen (eine Kopie pro Person)**

Die Leute in deiner Gruppe sind die einzigen Überlebenden eines Flugzeugabsturzes über der Wüste. Pilot und Co-Pilot haben nicht überlebt. Eure Aufgabe ist es, so lange wie möglich in der Wüste zu überleben.

Dabei helfen euch die folgenden Gegenstände, die ihr im Flugzeug gefunden habt:

- Karte der Wüste
- Salztabletten
- Fallschirm
- Regenjacken
- Spiegel
- Kompass
- Buch (über essbare Pflanzen in dieser Wüste)
- Taschenlampe
- Geladene Pistole
- Voller Wasserbehälter (20 Liter)
- Jagdmesser

Jedes Teammitglied bekommt diese Liste. Zunächst soll individuell und dann als Gruppe diskutiert werden, welche dieser elf Gegenstände für das Überleben und „Nach-Hause-Kommen" am wichtigsten sind.

**Darum geht es:** Die Diskussion ist unsinnig, wenn nicht zuvor eine Strategie ausgearbeitet oder ein Ziel gesetzt wird, z.B.: Soll man beim Flugzeugwrack auf Hilfe warten oder sich auf den Weg machen? Erst dann wird die Diskussion sinnvoll.

**Lernziel:** Kooperation,     Problembewältigung,     Kreativität, Kommunikation

# 40. Großer, böser Wolf

**Material:**     **Viel Zeitungspapier und viel Klebeband**

Mehrere Teams (4 bis 6 Spieler) bauen aus Zeitungspapier
und Klebeband ein Häuschen, das Schutz vor Unwetter bietet und groß genug ist für drei Mitspieler. Es ist wichtig, dass
du ein Zeitlimit gibst. Höhepunkt der Aktion ist es, wenn
der große, böse Wolf (du, der Aktionsleiter) versucht, die
„Hütten" umzublasen.

**Tipp:** Diese Aktion regt zu Diskussionen an.

Die Geschichte vom bösen Wolf: „Warum haben Gegenstände, Beziehungen, usw., die in der Herstellung schön und
einfach gelingen, so häufig auf Dauer keinen Bestand?

Es gibt viele Menschen, deren Behausung nicht anders ist
als das Zeitungshaus, das man euch gerade umgeblasen hat.
Könnt ihr euch vorstellen, wie es ist, so zu leben?

Wenn man schon so viel Papier herumliegen hat, bietet
sich eine anschließende „Schneeballschlacht" an.

**Lernziel:** Kooperation, Kreativität, Kommunikation, soziale
Verantwortung

# 41. Video Gleichnisse

**Material:**        Eine Videokamera pro Team

**Zeit:**        Ungefähr 2 Stunden


Jedes Team bekommt eine Geschichte, z.B. ein Gleichnis aus dem Neuen Testament, ein Märchen, usw. Diese Geschichte soll nun verfilmt werden. Dabei sollten die Gruppen darauf achten, dass jeder Mitspieler eine tragende Rolle erhält, z.B. Regisseur, Schauspieler, Kameramann, usw.

Wenn ihr Lust habt, könnt ihr einen richtigen Event aus dieser Aufgabe machen. Anschließend können alle Filme gezeigt werden, samt Oscar-Verleihung, Reden, usw.

**Tipp:** Es sollte ein paar Vorgaben geben, z.B. Filmlänge.

**Lernziel:** Kreativität, Kooperation, Kommunikation, Kennenlernen und Wertschätzung der individuellen Begabungen. Hier bietet sich zum Beispiel ein Gespräch oder Interview während der Film-Show an.

# 42. Wer kommt zu Besuch?

**Material:**     Evtl. Bargeld

**Zeit:**     **Mindestens zwei Stunden, plus Vorbereitungszeit für den Leiter**

Diese Aktion habe ich schon öfter mit Jugend- und Konfirmandengruppen ausprobiert. Es geht darum, sich in andere Personen bzw. Generationen hineinzuversetzen.

Wenn deine Gruppe sich versammelt hat, fordere sie mit der folgenden Aufgabe heraus: *„In zwei Stunden wird hier eine Gruppe erscheinen für die ihr (z.B. eine Stunde lang) ein Programm vorbereiten dürft."*
Gruppen könnten sein:

- Seniorengruppe
- Kinder
- Eltern mit kleinen Kindern
- Asylanten
- Ausländergruppe

Meine Gruppen mochten es immer besonders, wenn ich ihnen für diese Aktion ein Budget zur Verfügung gestellt habe.

**Folgende Fragen sind wichtig für den Erfolg dieser Aktion:**

- Was weiß ich über die Gruppe, die zu Besuch kommt?
- Was sind Vorlieben, Musikgeschmack? Was ist ihnen wichtig?
- Was würde uns gemeinsam Spaß machen?
- Wer ist für welchen Programmteil verantwortlich?
- Gibt es Essen, Spiele, Diskussionen,…?

Hier ein paar Beispiele von Aktionen, die meine Gruppe durchgeführt hat:

### Eltern mit kleinen Kindern

Die Eltern haben einen Filmabend mit Popcorn, Snacks und Getränken geschenkt bekommen, während unsere Jugendlichen mit den Kindern gespielt haben.

### Senioren

Unsere Jugendlichen haben sich in Schale geschmissen und Kaffee und Kuchen serviert. Anschließend hat man sich zusammengesetzt und die Jugendlichen haben für die älteren Gäste eine Liste mit Fragen über ihre Jugendzeit erstellt, z. B. über Musikgeschmack, Rendezvous/Verabredungen, Ausbildungsplätze, Männer-/Frauenrollen, usw.

**Ausländer**

Die Aktion war ähnlich wie bei den Senioren, nur nicht ganz so formell. Es gab ein gemeinsames Essen. Die Konfirmanden hatten geraten, was ihre Gäste wohl gerne essen, lagen aber total daneben, was sehr lustig war. Danach gab es lockere Gespräche über Kulturunterschiede, z.B. ob es schwer ist, in einem fremden Land Fuß zu fassen, usw.

**Lernziel:** Kennenlernen, Kreativität, Kooperation, Kommunikation

# 43. Soundeffects

**Material:**     **Ein Rekorder oder mp3-Player pro Team, Soundlisten**

Jedes Team bekommt einen Rekorder und eine Liste mit Sounds (z.B. zehn Geräusche), die sie aufnehmen sollen.

Die Soundaufnahmen sollen jeweils um die 10 Sekunden lang sein.

Der Witz bei dieser Aktion ist, dass keine echten Geräusche gebraucht werden. Jede Gruppe wird in einen ruhigen Raum geschickt, um die entsprechenden Geräusche so echt wie möglich nachzumachen.

**Beispielliste:**
- Ein bellender Hund
- Die Erkennungsmelodie des Highschool Musicals
- Ein Blatt, das leicht vom Herbstwind verweht vom Baum auf die Erde fällt
- Straßenverkehr
- Ein heulender, verliebter Kojote
- Otto Waalkes
- Eine Herde Kühe

- Ein dicker Mann, der barfuß durchs Watt läuft
- Ein langer Zungenkuss
- Ein Katze, die sich ins Hundeheim verirrt hat

Jede Gruppe hat 15 Minuten Zeit für ihre Aufnahmen. Danach werden die „Soundbytes" vorgestellt, geraten und bewertet.

**Lernziel:** Kreativität, Spaß, Kooperation

# 44. Tretminen

**Material:**       **Tücher zum Augen verbinden,
Tretminen (eigentlich geht alles,
z.B. Wasserballons)**

Die Idee ist einfach. Du markierst ein „Minenfeld", das ein
„Freiwilliger" durchqueren muss. Die Minen werden durch
Objekte (z.B. Wasserballons) simuliert, die du willkürlich ver-
teilt hast.

Jeder „Freiwillige" bekommt die Augen verbunden. Ihm
wird jedoch ein Partner an die Seite gestellt, der ihn mit seiner Stimme durch den Parcours führen kann. Anfassen ist
bei dieser Aktion nicht erlaubt.

**Lernziel:** Vertrauen, Kooperation